RÉPONSE

A UN OUVRAGE

INTITULÉ,

MÉMOIRE HISTORIQUE

Sur la Constitution des Etats de Bretagne,

ADRESSÉ

A UN GENTILHOMME BRETON.

AVERTISSEMENT.

PLUS d'un motif détermine l'Auteur de ces Observations à réclamer l'indulgence du Lecteur. Il voudra bien considérer le peu de temps qu'on a eu pour les rédiger, vu la circonstance de la prochaine Assemblée des États, & ne pas juger rigoureusement un Ouvrage fait avec autant de précipitation.

RÉPONSE

A UN OUVRAGE

INTITULÉ,

MÉMOIRE HISTORIQUE

Sur la Constitution des Etats de Bretagne,

ADRESSÉ

A UN GENTILHOMME BRETON.

Ne transgrediaris terminos antiquos quos posuerunt Patres nostri (1).

M.

Parce qu'un particulier qui n'est pas même Breton, s'est avisé de rédiger une Requête qu'il a fait signer à d'autres particuliers dont plusieurs sont étrangers, & qui pour la plu-

____

(1) Je supplie l'Auteur du Mémoire Historique de me pardonner d'être son plagiaire ; mais il me semble plus naturel d'adresser l'épigraphe qu'il a choisie à celui qui veut dépouiller les autres, qu'à ceux qui défendent leur antique possession.

part ignoroient évidemment la nature des objets fur lefquels ils ont donné leur avis : vous commencez par établir que *le Tiers-Etat de Bretagne* a porté au pied du Trône, &c. vous ignorez, fans doute, que la Requête dont il s'agit, ainfi que la Députation qui a été chargée de la préfenter au Roi, ont été défavouées par les Officiers Municipaux de la Ville où cette infurrection a eu lieu.

Vous vous piquez, M, de trop d'exactitude, pour ne pas regréter d'avoir donné auffi légérement la qualification *de Tiers-Etat de Bretagne* à une affociation tumultueufe de quelques Membres du Tiers-Etat.

Par la Requête qu'ils ont préfentée au Souverain, ils ont demandé que l'Ordre de la Nobleffe n'affiftât plus aux Etats de Bretagne, que par Députés, & il ne vous en a pas fallu davantage pour regarder cette demande comme établiffant une queftion de droit public fur laquelle vous avez cru devoir répandre la lumiere.

Ce n'eft pas la premiere attaque qu'on ait formée en ce genre à l'Ordre de la Nobleffe. M. le Duc d'Aiguillon fentant combien un Ordre nombreux, & dont tous les Membres avoient indiftinctement le droit d'affifter aux Etats, étoit difficile à maîtrifer avoit cherché, par un nouveau réglement, à reftreindre la repréfentation de l'Ordre de la Nobleſſe aux Etats de la Province : mais quelque entreprenant & quelque mal intentionné qu'il fût, il n'alla pas juſqu'à établir cette repréſentation par voie de Députés : l'Arrêt du Conſeil qu'il fit intervenir, ſe borna à fixer un degré de fortune, qui devoit ſervir de regle pour l'entrée aux Etats, & en exclure les puînés de l'Ordre de la Nobleſſe.

Les trois Ordres s'oppoſerent à une ſemblable entrepriſe; un Juriſconſulte célebre (1), que ſon expérience & ſes lumieres rendent chaque jour plus précieux à ſes Concitoyens, rédigea un Mémoire en faveur de l'Ordre de la Nobleſſe, où il prouva le droit des Gentilshommes Bretons d'aſſiſter individuellement & ſans diſtinction aux Etats (2).

Le Réglement d'Aiguillon fut retiré; un Arrêt du Conſeil maintint (3) les Gentils-

____

(1) M. le Chapelier, *pere.*

(2) On ſe fut borné à rendre public le Mémoire de M. le Chapelier, s'il avoit pu prévoir, en le rédigeant, les objections que l'on fait aujourd'hui.

(3) *Extrait des Regiſtres du Conſeil d'Etat.*..... Sur le compte rendu, &c. Oui le rapport, Sa Majeſté étant en ſon Conſeil, a ordonné & ordonne que l'Arrêt du 30 Mars 1768, par lequel elle auroit interdit l'entrée aux Etats aux puînes de l'Ordre de la Nobleſſe qui ne ſeroient pas mariés, & même aux peres de famille de cet Ordre qui ne jouiroient pas de mille livres de revenu, ſoit regardé comme non avenu & demeure ſans effet : Veut & entend Sa Majeſté que *tous Nobles* ayant les qualités requiſes par la Déclaration du 6 Juin 1736, puiſſent être admis aux Etats, & feront, &c. A Verſailles, le 26 Juin 1769.

hommes Bretons dans l'exercice du droit d'entrée, séance & voix délibérative aux Etats de Bretagne; & depuis des Lettres-Patentes enregistrées ont de plus en plus consacré le droit antique de l'Ordre de la Noblesse, en prescrivant les formalités que chaque Gentilhomme doit remplir pour avoir le droit d'en jouir; & c'est aujourd'hui un de nos Concitoyens qui cherche à élever des doutes sur une pareille matiere!

Je n'ai pas plus de mission pour défendre l'Ordre de la Noblesse, que vous n'en avez pour l'attaquer. Cette dissertation, M., aura donc uniquement pour objet celui que vous avez vous-même fixé. Vous avez lu l'Histoire, dites-vous, vous êtes bien aise de nous instruire de ce qu'elle vous a appris à cet égard, & vous nous priez *de vous redresser, si vous vous êtes trompé*.

Pour mettre de l'ordre dans la discussion, je commencerai par examiner les raisons qui vous portent à croire qu'*auparavant, comme après l'union de la Bretagne à la France, les trois Ordres de l'Eglise, de la Noblesse & du Tiers, n'ont assisté aux Assemblées des Etats que par Députés ou Représentans.*

Vous dites, page 6 de votre Mémoire; Les Gaulois formoient une Republique avant la conquête de Jules-César; elle se gouvernoit par Cantons, qui avoient leurs Magistrats. Ces Chefs régloient les affaires particulieres des différens Cantons ; mais lorfqu'il s'agiffoit des affaires générales de la Nation, ces Cantons s'affembloient par *Députés*, &c.

Il en étoit de même en Bretagne, avant que cette Province eût reconnu un Chef unique. Alors elle étoit divifée en Cantons comme le refte des Gaules « Cefar compte » cette Communauté (Rennes) parmi celles » auxquelles il eut affaire, entre les Villes » & Cités Armoriques, lefquelles n'étoient » fujettes à Rois, fe gouvernant par elles- » mêmes ; mais advenant quelque affaire » importante de paix ou de guerre , elles » s'affembloient par Députés en certains temps » pour délibérer. (D'Argentré , page 17) » Cette Affemblée confiftoit de deux Etats: » *la Prêtrife & les Nobles.* (Idid. pag. 14) ».

Je demande ce que cela peut prouver , fi ce n'eft qu'alors le Gouvernement étoit privativement confié à l'Ordre de l'Eglife & à celui de la Nobleffe.

Il étoit naturel que l'Armorique étant divifée en Cantons féparés , & fe gouvernant par eux-mêmes, il n'y eût que des Députés de chaque Canton à former les Affemblées, où fe traitoient les affaires qui intéreffoient tous les Cantons en général. Chaque Canton formant un Gouvernement féparé, la Nobleffe de chaque Canton formoit un Corps à part. Il n'en a plus été de même, lorfque toutes ces Républiques font convenues de reconnoître un Chef unique ; elles ont formé un même peuple , les associations particulieres se font incorporées & confondues dans l'association générale. Que peut avoir d'applicable au sujet que vous traitez , & à l'état présent des choses, la forme de communication adoptée par de petites Républiques fédératives , lorsqu'elles avoient à délibérer sur les objets qui pouvoient les intéresser ? En vérité , M. , il faut être dans une grande disette de preuves, pour recourir à de semblables inductions.

Examinons les autres citations sur lesquelles vous fondez votre opinion.

Vous dites , page 36 de votre Mémoire : Les Etats furent convoqués à Rennes la même année 1590. « *Le petit nombre de Députés de* » *tous les Ordres* qui se trouverent à cette » Assemblée , fait assez connoître (dit Dom » Taillandier , page 401) combien il restoit » peu de choses au Roi en Bretagne ».

A la page 37 , vous citez une seconde fois Dom Taillandier , qui dit « qu'en 1598 » l'on vit à l'Assemblée des Etats tenus à » Rennes un plus grand nombre *de Députés* » *de tous les Ordres* qu'on n'avoit vu depuis » long-temps.

Depuis Jules-César jusqu'au seizieme siecle, voilà les seules citations que vous puissiez rapporter au soutien de votre opinion. Seroit-ce là ce que vous appellez, au commencement de votre Mémoire, rapprocher tout simplement ce que vous avez appris par la lecture de l'Histoire ; vous m'avouerez que pour tout autre que vous, un pareil rapprochement feroit un tour de force.

Mais si l'on prouve que les deux citations de Dom Taillandier ne prouvent rien, que deviendront les conclusions que vous en tirez ? Eh bien, M., il est évident que l'expression *Députés de tous les Ordres*, employée par Dom Taillandier, lui a échapé par erreur.

Si vous vous étiez donné la peine de lire en entier la page 401, que vous citez, vous eussiez vu que Dom Taillandier, en traitant au même endroit de la composition de l'Assemblée de 1590, dit expressément, en parlant de l'Ordre du Tiers : Il s'y trouva très-peu *de Députés du Tiers-Etat* ; & en parlant de l'Ordre de la Noblesse, il dit : *L'Ordre de la Noblesse fut un peu plus nombreux.* Si cet Ordre y avoit assisté par Députés, Dom Taillandier eut nécessairement dit, comme en parlant de l'Ordre du Tiers-Etat : Les Députés de l'Ordre de la Noblesse y furent un peu plus nombreux.

Pour ne laisser subsister aucune espece de nuage sur les expressions employées par Dom Taillandier, il suffira de recourir aux Regiftres même des Etats, pour les années 1590 & 1598. L'on s'assurera que les Membres de l'Ordre de la Nobleſſe ont aſſiſté à ces deux Tenues d'Etats, non en qualité de Députés de leur Ordre, mais individuellement & ſans diſtinctions.

La Liſte des Gentilshommes annexée au procès-verbal de ces Tenues, le prouve évidemment ; elle n'offre aucune différence avec la maniere actuelle dont l'Ordre de la Nobleſſe s'inſcrit aujourd'hui.

On lit :

ORDRE DE LA NOBLESSE,

Meſſieurs,

A l'article de l'Ordre du Tiers, on lit:

Députés de l'Ordre du Tiers, ſavoir ;

En 1588, quatre-vingt-douze Gentilshommes aſſiſtent aux Etats. En 1590, il y en eut trente-neuf. En 1598, ſoixante-douze. Le ſervice militaire, les troubles ont fait varier le nombre des Gentilshommes aſſiſtans aux Etats.

Ce qui vient d'être expoſé, détruit entiérement les motifs qui vous ont porté à croire que les Gentilshommes Bretons aſſiſtoient aux Etats par Députés auparavant & depuis l'union de la Bretagne à la France.

Mais il ne ſuffit pas d'avoir prouvé que l'Ordre de la Nobleſſe n'a jamais aſſiſté par Députés aux Etats, il faut encore répondre aux objections que vous avez raſſemblées pour combattre fa repréfentation individuelle & fans diftinction aux Affemblées générales de la Province.

Le premier titre que vous invoquez, eft une Charte d'Alain Fergent de 1087. Alain Fergent appella, dites-vous, à comparoître en fon Parlement à Nantes, les Prélats, Barons, & autres fes Nobles (*cæterifque nobilibus Perfonnis fuis prout jure ac antiquâ confuetudine.*) Vous ajoutez qu'il fallut faire une information pour conftater cet ancien ufage; & vous prétendez qu'il fut appris par cette information, que les Comtes de Nantes, de Cornouailles & de Poher, les neufs Evêques & les Barons avoient feuls le droit de fiéger aux Parlemens de la Nation: ainfi c'eft à tort, fuivant vous, qu'Alain Fergent avoit employé dans la Charte les expreffions (*cæterifque nobilibus Perfonis fuis prout jure ac antiquâ confuetudine*).

Cependant vous dites page 13 de votre Mémoire, *Il y avoit dans ces Affemblées d'autres Perfonnages que les Prélats & les Barons. Alain Fergent avoit appellé les autres Nobles.* Ce qui eft une contradiction manifefte.

Ou l'information avoit appris qu'il n'y avoit que les Evêques & les Barons qui euffent le droit d'affifter aux Affemblées de la Nation, & alors vous ne deviez pas dire *qu'il y avoit dans ces Affemblées d'autres Perfonnages que les Evêques & les Barons;* ou l'information n'avoit pas donné un semblable résultat ; & alors les expressions (*cæterisque nobilibus Personis suis prout jure ac antiquâ consuetudine*), restent dans toute leur force.

Si l'on examine avec attention ce que porte l'information dont il s'agit, on verra qu'elle avoit pour objet de régler la preséance des Comtes & Barons entr'eux ; c'est sous ce point de vue que l'Historien d'Argentré, *votre principal guide*, l'envisage. C'est après l'avoir analysée, après y avoir réconnu des inexactitudes & des ommissions essentielles qu'il dit, page 68 de son Histoire : *Ces considérations me font douter si cette Lettre* [Charte d'Alain Fergent) *est authentique.* Voilà, M., ce que l'exactitude, dont vous vous piquez, ne vous permettoit pas de nous laisser ignorer.

En prenant toujours pour constante la Charte d'Alain Fergent, vous expliquez ce qu'il faut entendre par les Nobles du Duc ; Ces Nobles, dites-vous, étoient ses autres vassaux immédiats, mais moins illustrés que les Barons ; c'étoient les Bannerets, les Chevaliers, Bacheliers, Ecuyers & Sergens féodés. Vous ajoutez : Les autres Seigneurs de fiefs de même titre étoient des arriere-vassaux du Souverain, *valvassores*, qui n'assistoient pas à la Cour du Duc, mais bien à celle de leur Seigneur immédiat.

Il y avoit donc des Bannerets, des Che-

valiers , des Ecuyers qui n'étoient pas vaffaux immédiats du Souverain , & vous
prétendez que ceux-là n'étant pas les Nobles du
Duc , ne doivent pas être compris fous la
dénomination, *Nobilibus fuis.* 1° Comme on
vient de l'obferver, la Charte d'Alain Fergent
eft fufpecte ; 2° on ne doit pas conclure de
ce que les *valvaffores*, ou arriere-vaffaux du
Souverain n'affiftoient pas à la Cour du Duc,
qu'ils n'euffent pas le droit d'affifter aux
Affemblées générales. Dom Morice, *des
Affemblées générales*, page 111 de la Préface
qui eft en tête du troifieme volume des Preuves de fon Hiftoire, diftingue formellement
la Cour des Ducs, des Affembleés générales.

*Les degrés de promotion entre les Nobles
étoient de l'Ecuyer, Bachelier, Chevalier,
Banncret & Baron*, (d'Argentré , page
596) ce qui comprend la Nobleffe en général. Vous voyez dans les montres rapportées
par Dom Lobineau fous le titre de Chevaliers,
Ecuyers, les noms de ceux dont les defcen-
dans compofent en partie aujourd'hui l'Ordre
de la Nobleffe aux Etats, & cela aux mêmes
époques où l'on voit affifter aux Etats-Généraux de la Province , des Chevaliers, Ecuyers,
&c.

C'eft ici le lieu de répondre à la plaifan-
terie *ingénieufe* que vous vous êtes permife
fur la qualité de *Chevalier* qu'on donne ordinairement aux puînés des Gentilshommes.

Il sembleroit, à vous entendre, que c'est à ce titre consacré par l'usage, qu'ils prétendent entrer aux Etats ; mais vous n'ignorez pas, M., que nul ne peut jouir aujourd'hui du droit d'entrée, séance, & voix délibérative aux Etats dans l'Ordre de la Noblesse, s'il n'est pas d'une famille qui ait obtenu un Arrêt de la Réformation, ou si lui-même n'en a pas obtenu un du Parlement qui lui reconnoisse les qualités requises pour cet objet ; vous n'ignorez pas que ces Arrêts, & ceux de la derniere Réformation, maintiennent les Gentilshommes qui les ont obtenu dans la qualité, soit de Chevalier soit d'Ecuyer. C'est à un de ces deux titres, reconnus par le Tribunal qui avoit le droit de les juger, que les Nobles de Bretagne entrent aujourd'hui, comme autrefois, aux Etats de la Province.

Quelque pressant que puisse être cet argument, vous trouvez encore un moyen de l'éluder, mais toujours à votre maniere.

D'Argentré a dit : Le titre de noble homme s'est communiqué jusqu'aux enfans des Vendeurs de soie & Marchands enrichis, dont nous voyons de notre âge assez de témoignage.

Vous citez ensuite un certificat du Greffier Civil en Chef du Parlement, qui porte *que lors de la réformation de la Noblesse de Bretagne, on employoit les qualités de noble hom-*

me, *nobles gens*, *nobles perfonnes*, *& que cela équivaloit les qualités d'Ecuyer ou de Meffire.* Depuis 1600 jufqu'en 1636, en rapprochant ce certificat de la citation de d'Argentré, vous en concluez « que les Commiffaires à » la Réformation de la Nobleffe de Breta- » gne, & le Parlement de cette Province, » ont été trompés par des roturiers qui ont » eu l'adreffe de fe faire paffer pour Nobles » d'extraction, parce que leurs peres, *fils* » *de Vendeurs de foie*, ou *de Marchands* en- » *richis*, avoient ufurpé la qualité de *nobles* » *hommes* ».

Vous êtes, M., un champion bien redou- table ; d'un feul trait de plume vous détruifez toute la Chevalerie ; les Arrêts d'un Tribu- nal Souverain & compétent, ne préfentent plus felon vous qu'une fource d'erreurs, & de votre propre autorité vous anéantiffez tous les titres de ceux qui les ont obtenu.

Vous avez un moyen auffi triomphant pour annuller les titres confignés dans l'Hiftoire.

Si en 1220, comme vous le reconnoiffez vous-même, la Délibération des Etats fut prife par les Barons, grands Seigneurs, & grand nombre de Gentilshommes, vous vous contentez de répondre qu'il *eft des occafions où l'on s'écarte des regles.* Cette maniere de raifonner ne paroîtra peut-être pas très- concluante ; mais on fera du moins forcé d'avouer qu'elle eft infiniment commode.

Auparavant de citer toutes les occasions, où, suivant vous, on se sera écarté des regles, il est nécessaire que je réponde aux inductions que vous prétendez tirer des Assemblées, où il paroît que les Gentilshommes n'ont point indistinctement assisté.

L'objet de ces Assemblées a pu être relatif à des cas particuliers dont avoient le droit de connoître le Duc & les Barons, tels que ceux qui avoient rapport à l'administration de la Justice, ou autres objets analogues. Si, par exemple, le Duc Geoffroy fit, de l'avis de tous les Barons & Chevaliers, une Loi pour régler le partage des Barons & Chevaliers, on ne voit pas comment ce fait pourroit contrarier ou détruire tous ceux qui prouvent que les Chevaliers, Ecuyers & autres Nobles ont assisté aux Assemblées de la Nation.

On doit d'ailleurs distinguer, comme le fait Dom Morice dans la Préface qui est en tête du troisieme volume des Preuves de son Histoire, trois especes de Conseils, dont deux n'étoient pas le Parlement ou Etats-Généraux de la Province. C'est de ces deux là qu'il faut entendre les expressions, *qu'il n'y avoit homme qui eût pu se dire Conseiller & Officier du Parlement, fors les Barons qui avoient ce droit patrimonial.*

Diverses circonstances pouvoient au surplus rendre les Etats-Généraux plus ou moins nombreux,

nombreux, plus ou moins folemnels. Les Ducs pouvoient négliger de convoquer tous ceux qui avoient droit d'y affifter.

Enfin, il s'agiffoit quelquefois d'obtenir le confentement des Barons, pour lever des fubfides fur leurs Vaffaux.

On ne peut pas conclure de ce que tous les Gentilshommes n'auroient pas affifté à toute efpece d'Affemblée fous les Ducs, qu'ils n'avoient pas le droit d'affifter aux Etats-Généraux de la Province.

Les preuves affirmatives de leur féance individuelle & fans diftinction, à une infinité d'affifes, font tomber entiérement l'induction qu'on voudroit tirer de leur défaut de préfence dans quelques-unes de ces Affemblées. Comment, en effet, tous les Gentilshommes euffent-ils pu affifter indiftinctement aux Etats-Généraux, dans les circonftances les plus importantes, s'ils n'en avoient pas eu le droit. Or, nous allons prouver par les titres des temps les plus reculés, comme par les titres les plus récens, que tous les Gentilshommes Bretons ont exercé le droit d'affifter individuellement & fans diftinction aux Affemblées générales de la Nation.

Avant que la Bretagne eût reconnu des Rois, vous reconnoiffez vous-même que le Gouvernement étoit privativement confié *aux Druides & aux Nobles.*

Dès le neuvieme fiecle, dans une Charte

18

de Vannes (857), il est dit que la dotation
de l'Abbaye de Redon avoit été faite de
l'avis des Nobles de Bretagne, tant Ecclé-
siastiques que Laïques : *cum consilio Britanniæ Nobilium tam Sacerdotum quàm Laicorum* ,
1er volume des Preuves, de Dom Morice,
col. 306.

On voit dans un Cartulaire de la même
année, que le Tyran Alfrit ayant été accusé
de violence & de déprédation, la Noblesse
de toute la Bretagne assista, pour la majeure
partie, en présence du Prince, à l'Assemblée
où cette accusation fut portée : *Præsentibus
maximâ ex parte TOTIUS BRITANNIÆ Nobilibus viris.* (Ibid. col. 309.)

Le privilege que le Roi Erispoé accorda
aux Moines de Redon, d'élire leurs Abbés,
est donné, *cum consilio atque consensu Epif-
coporum multorúmque Nobilium Britanniæ.*
Préface de Dom Morice, 3e vol., pag. 111.

En 1220, comme vous en convenez vous-
même, la Délibération des États, pour avoir
raison de la mort d'Arthur, leur Duc, contre
Jean Sans-Terre, fut prise par les Barons
& grand nombre de Gentilshommes.

L'alliance que la Comtesse de Penthievre
avoit contractée avec l'Angleterre, n'ayant
pas produit son effet, la Comtesse assembla à Dinan, *les Evêques, les Abbés, les
Nobles,* &c. (Histoire de Dom Morice,
tome 1, page 281, année 1352).

Dans la même année 1352 il fut envoyé une Ambaſſade en Angleterre, pour la délivrance de Charles de Blois. « Nous, Ducheſſe de Bretagne faiſons ſavoir à tous » que par l'aviſement, conſeil & aſſentement des Prélats, Chapitres & *autres Nobles*, &c. (Preuves de Dom Morice, tome 1, col. 1486).

Dans le Traité d'Alliance conclu en 1379, on lit les expreſſions ſuivantes : *Prelats, Grantz et autres Nobles* , (Ibid. tom , col. 242).

L'Arrêt donné l'an 1420, contre les Penthievre, coupables d'attentat envers la perſonne du Duc Jean V, & celle de M. Richard, ſon frere, fut rendu *ſur l'aviſement & meure Délibération des Etats* , le Duc ſéant en ſon général Parlement, préſens Prélats, Barons, Chevaliers, Ecuyers & autres dudit Parlement. (Préface de Dom Morice, tome III, page 3).

Aux Etats de Rennes de 1398. *Et là étoient préſens les Sires de Châteaubrient..........* *& pluſieurs autres Nobles......... à la ſupplication & requête de pluſieurs Prélats , Barons et autres Nobles de Bretagne,* aſſiſtans en ce préſent Parlement, &c. (Hiſt. de Bret. par Dom Lobineau, tom. II, col. 800 & 801).

Le Duc François II n'ayant que deux es , Anne & Iſabelle , & craignant qu'à ſa mort il ne s'élevât des conteſtations ſur la succession au Duché, assembla en 1485 les Etats de la Province. On lit dans le serment qu'ils prêterent, de ne point reconnoître d'autre successeur au Duché, après la mort du Duc, que les deux Princesses ses filles, les expressions suivantes : *Omnes & singuli Episcopi, Abbates, Capitula, Clerus & Comites, Barones, Banerii, Baccalarii, Domini, Milites & ALII NOBILES.*

En 1524, le Roi François Ier assembla les Etats à Rennes pour l'exécution du Testament de la feue Reine Claude de France; & dans cette Assemblée qui lui rendit hommage & reconnut son droit d'usufruit & d'administration pendant la minorité du Dauphin de France, on retrouve également tout l'Ordre de la Noblesse, désigné par ces qualifications, *les Barons, les Bannerets, les Chevaliers ET AUTRES NOBLES*. (Preuves de Dom Morice, tom. 111, col. 962).

Vous passez condamnation sur la Tenue de 1532, mais avec votre restriction ordinaire. Les trois Ordres admirent, selon vous, dans leur sein bien d'autres Notables que ceux qui les formoient ordinairement suivant les Constitutions Ducales.

Jamais Délibération ne fut plus importante; tout le monde sait qu'il y avoit deux partis dans l'Assemblée, l'un favorable à l'union de la Province à la France, l'autre qui lui étoit contraire. Et vous voulez que dans une circonftance auffi difficile, dans une affemblée divifée d'opinion, on eût laiffé fiéger & délibérer des Membres qui n'euffent pas eu le droit d'y affifter. Cela ne peut être vrai, & cela n'eft certainement pas vraifemblable.

Si d'Argentré a dit que les Etats de 1532 étoient *en gros nombre*; c'eft que tous ceux qui avoient droit d'y affifter, ne manquerent pas de s'y rendre dans une occafion où il s'agiffoit de ftatuer fur une queftion dont devoit dépendre le fort entier de la Province. Et voilà comment vous faites en quelque forte difparoître les faits qui font conrraires à l'opinion que vous embraffez (1).

A l'égard de celle que Dom Morice a confignée dans la Préface du troifieme volume de fes Preuves, il fuffira pour la détruire de faire remarquer que cet Hiftorien eft évidemment en contradiction avec fa propre Hiftoire. Il dit dans fa Préface : Dans les Tenues d'Etats qui nous reftent avant 1567, il n'eft fait aucune mention de la fimple Nobleffe ; cependant les citations que nous venons de rapporter, & que nous avons principalement puifées dans fon Ouvrage, prouvent inconteftablement que tous

____

(1) On ne difcutera point l'argument qu'on veut tirer des Lettres de Convocation adreffées *indiftinctement* à un trèsgrand nombre de Gentilshommes ; on penfe fi différemment de l'Auteur du Mémoire Hiftorique, qu'on fe fût fervi du fait qu'il cite, fi avant qu'il eût écrit on avoit eu un Mémoire à faire pour foutenir le droit de la Nobleffe.

les Nobles ont affifté aux Etats de Bretagne. Et fi l'Hiftoire n'en fournit pas un plus grand nombre d'exemples, c'eft, comme l'obferve Dom Morice, dans la Préface du troifieme volume de fes Preuves, que l'on voyoit anciennement très-peu de Parlemens Généraux.

Les regiftres des Etats depuis 1567 (ceux qui font antérieurs ont été fpoliés) font foi que toute la Nobleffe exerçoit indiftinctement le droit d'affifter aux Etats.

Pour prouver le droit qu'on veut lui contefter aujourd'hui ; aux titres les plus authentiques qui remontent d'époques en époques jufqu'aux temps les plus reculés, fe joint encore une poffeffion de plus de deux fiecles, avouée même par l'Auteur du Mémoire Hiftorique.

Si l'on récapitule ce qui vient d'être établi, on verra que la Charte de 1087 qu'on prétend oppofer au droit de la Nobleffe, eft regardée par l'Hiftorien d'Argentré comme non authentique ; & que fi ce titre n'étoit pas fufpect, fon interprétation naturelle eft abfolument contraire à celle qu'on a voulu lui donner.

On verra que dans aucune circonftance l'Ordre de la Nobleffe n'a été repréfenté aux Etats par Députés, & que les inductions qu'on a prétendu tirer de quelques expreffions ifolées, font fauffes & fans application.

On verra consignées dans l'Histoire, des preuves multipliées & incontestables de la séance individuelle & sans distinction des Nobles de Bretagne ou Etats - Généraux de la Province.

On verra enfin l'autorité s'armant pour donner atteinte au droit de l'Ordre de la Noblesse, & se voyant forcée de le reconnoître, de le maintenir par des actes émanés d'elle.

Avoüez, M., qu'il n'existe aucun droit dans l'univers, que personne ne peut plus compter sur quoi que ce soit, que les fondemens sur lesquels réposent l'ordre social & la loi sacrée de la propriété s'écroulent nécessairemet, si le droit de la Noblesse Bretonne d'assister aux Etats individuellemént & sans distinction, ne lui est pas invariablement acquis.

La conservation de tous ceux dont la Noblesse jouissoit en Bretagne, lui étoient garantis par le Souverain de la Province, lorsqu'il se faisoit couronner.

Dom Lobineau, dans son Hist. (col. 873) rapporte la formule du serment que les Ducs devoient faire avant d'entrer à Rennes, lieu de leur couronnement. C'est à savoir :

Fidem catholicam & Ecclesiam Britanniæ in suis justis Libertatibus deffendere & tueri, Comitesque, Mathibernos, Proceres ac Nobiles Regni Britanniæ in eorum Franchisiis & Libertatibus custodire & observare.

L'Historien Dom Morice rapporte le serment prêté par le Duc François III, Dauphin, lors de son Couronnement à Rennes, il est conçu en ces termes :

« Et furent par ledit Evêque de Rennes présentés audit Seigneur les Reliques & Livres saints, & sur iceux fait jurer d'entretenir l'Eglise de Bretagne & les Ministres d'icelle en ses Droits, Privileges & anciennes Libertés, & fut prêté pareil serment pour la Noblesse, &c. »

Vous voyez, M. par ces sermens que la Noblesse entiere jouissoit des mêmes Droits, Franchises & Libertés, & que le Souverain les lui garantissoit indistinctement.

Après avoir démontré le droit de la Noblesse d'assister indistinctement, je devrois sans doute discuter les motifs qui ont pu vous porter à le méconnoître & à l'attaquer. Mais comment pouvoir me livrer à cette discussion, & me renfermer en même temps dans les bornes de l'honnêteté que vous réclamez, & à laquelle vous donne droit le ton de modération que vous avez observé ?

Le projet de dépouiller un simple particulier du droit dont il jouit, quand ce droit ne nuit à personne ; & à plus forte raison, de dépouiller une classe entiere de Citoyens d'un droit que vous avouez vous-même n'être ni *injuste*, ni *révoltant*, ni *inoui*, est un projet que je vous laisse à qualifier.

Que sera-ce, s'il est prouvé que ce droit, loin d'être injuste, révoltant ou inouï, est au contraire utile & avantageux à la Société entiere? Car M. quoique puissent dire les Auteurs méprisables des libelles calomnieux, que désavouent également les honnêtes gens de tous les Ordres, le droit de la Noblesse d'assister individuellement & sans distinction aux Etats de Brétagne, est la plus forte barriere qu'on puisse opposer au despotisme. Si vous n'êtes pas, M., dans le secret du Ministere, consultez-le sur cet objet ; & s'il est de bonne foi, vous verrez ce qu'il vous répondra. Comment ne vous êtes vous pas apperçu que vous serviez ses vues, en faisant naître par votre écrit un nouveau motif de discorde ?

La marche du Gouvernement, dans cette circonstance est tellement à découvert, qu'il faut, pour s'y méprendre, être aveuglé par la passion, ou absolument dépourvu de lumiere.

La conduite ferme des trois Ordres réunis venoit de faire échouer le projet qu'on avoit formé de tout asservir. Pendant que cette union auroit duré, toute entreprise de ce genre devenoit inutile.

Il y avoit de grands abus à réformer ; l'Administration du Royaume alloit être éclairée ; le pouvoir ministeriel restreint à de justes bornes ; l'autorité légitime raffermie, la liberté publique & individuelle assurée, tel étoit

du moins l'espoir que faisoit naître la prochaine Assemblée des Etats-Généraux.

Ceux qui ne font consister la dignité du
Monarque que dans l'étendue illimitée du
pouvoir qu'ils tiennent de lui, effrayés des
coups qui les menaçoient, ont senti qu'il
n'y avoit d'autre moyen de s'y soustraire,
que celui d'opposer les uns aux autres les
Trois Ordres de l'Etat qui, réunis entr'eux
ne pouvoient pas manquer d'opérer cette
grande & utile révolution. Ils font parve-
nus, en excitant l'intérêt particulier & les
petites passions, à donner tellement le change
à l'opinion publique, que l'intérêt général a
été pour ainsi dire oublié, & qu'il est pres-
que impossible dans l'état de trouble & de
division où ils ont mis les esprits, que les
Etats - Généraux puissent s'occuper de la
réforme des abus qui prennent leur source
dans le Gouvernement lui-même. Ils doivent
nécessairement se passer (si toutefois ils ont
lieu, ce qui est encore fort incertain) en
débats respectifs entre les Ordres, dont les
ennemis de la chose publique sauront pro-
fiter pour parvenir à leur but qui n'est autre que d'arracher de nouveaux subsides.

Les Etats de Bretagne offroient, pour
l'exécution d'un semblable projet, un
obstacle difficile à surmonter; leur constitution respectée par le temps & par les évé-

nemens, devenoit une espece de Phare pour toute la France, leurs Délibérations pouvoient servir de modele à celle des Etats-Généraux eux-mêmes, & produire des effets aussi salutaires que ceux qui ont été le fruit de notre union & de notre fermeté. Dès-lors leur perte a été résolue; tous les moyens ont été mis en usage pour tirer parti des gens mal-intentionnés, gagner ceux qui étoient corruptibles, remuer les esprits inquiets, enflammer les séditieux, séduire les foibles, tromper les simples, porter le trouble dans la Société, & diriger l'effervescence générale contre la constitution.

Le piege sans doute étoit grossier, mais il n'en a pas moins réussi, puisque l'on voit aujourd'hui des Bretons travaillans à détruire une constitution à l'abri de laquelle ils ont conservé leurs droits, qui les a préservé de la Gabelle, & qui les protege chaque jour contre les entreprises multipliées de la fiscalité. Je vous laisse encore, M., le soin de qualifier ceux qui, secondant les vues destructives de notre ennemi commun, se plaisent à répandre parmi nous de nouveaux germes de division. Quel peut être leur objet, si ce n'est de tout perdre ?

Quel a été le vôtre, M., en agitant la question qui forme la matiere du Mémoire que vous venez de publier ? Ce n'est donc pas assez d'en vouloir aux prérogatives qui nous font perfonnellement avantageufes, on exige encore que nous renoncions à celle dont l'exercice eft utile à nos Concitoyens, & le plus sûr garant de notre Conftitution. Non, M., nous ne ferons jamais un facrifice, qui nous rendroit coupables envers la Patrie. Vous, M., qui cherchez à nous dépouiller de ce droit honorable & avantageux à la chofe publique, je ne crains pas de vous interpeller : Si vous jouiffiez d'un pareil droit, vous réfoudriez-vous à l'abandonner ? Que réfultera-t-il donc de votre entreprife ? Ou que vous l'aurez en vain formée, ou que l'infiftance que mettroit l'Ordre du Tiers, en voulant la foutenir, perpétueroit néceffairement la diffention entre les Ordres.

Danger ou inutilité dans le projet que vous avez conçu : voilà le fruit de vos veilles. Ah ! MONSIEUR, elles pouvoient fans doute être plus utilement employées.